AF309006

TRAITÉ PRATIQUE

DU

PATÉ FROID ET CHAUD

PAR

DAME JEANNE

Collaboratrice du FIGARO

POUR

LE COURRIER DES GOURMETS

PARIS

LIBRAIRIE CH. DELAGRAVE

58, RUE DES ÉCOLES, 58

1875

AVANT-PROPOS

Je n'ai point la prétention d'écrire une
préface, pour la raison bien simple que je ne
sais pas écrire, m'étant occupée toute ma vie
d'un art qui a ses douceurs et qui ne fait de
mal à personne, au contraire ; cependant depuis
que le *Figaro* publie quelques recettes de Dame
Jeanne, et que je vois ma prose imprimée,
avec mon nom au bas, presque chaque di-
manche, des bouffées d'ambition s'insinuent
sous mon bonnet blanc ; je me dis que mon
humble personnalité pourrait peut-être passer
à la postérité et en être bénie, ce qui serait un
grand honneur pour moi et prouverait que
les races ne dégénèrent pas tant qu'on voudrait
nous le faire accroire, car je suis la petite-fille
d'un chef qui, pendant vingt ans, collabora

chaque jour avec M. Grimod de la Reynière, le fils célèbre du célèbre fermier général administrateur des postes.

M. Grimod de la Reynière, écrivain distingué, est oublié comme tel ; mais chacun se souvient de l'illustre gastronome à la table duquel les plus grands seigneurs briguaient le plaisir d'être admis.

C'est en sortant de dîner chez lui que M. de Montrond dit un soir à M. de Talleyrand :

« Quand on dîne chez la Reynière, il faudrait pouvoir dire à son laquais : Digère. »

J'ai ouï conter à mon père que dans sa jeunesse, il avait entendu M. Grimod faire à l'un de ses amis qui déplorait les maux causés par la révolution, la réponse suivante :

« Elle m'a pris bien des choses, mais je n'ai pas trop à m'en plaindre, puisqu'elle m'a laissé la plus précieuse de mes propriétés, mon appétit. »

M. Grimod, qui avait son franc parler, ayant tenu, sous l'empire, des propos un peu lestes contre l'empereur, fut mandé un matin chez le vilain ministre de la police Fouché, qui les lui reprocha.

Pétri d'esprit, M. Grimod se sauva de ce mauvais pas en éludant la question.

« Monseigneur, répondit-il, personne plus que moi n'admire l'empereur ; mais peut-être me sera-t-il permis de déplorer l'emploi que Sa Majesté fait de son génie.

— Comment, que voulez-vous dire? répliqua le duc d'Otrante effrayé et fronçant déjà les sourcils.

— Eh! Monseigneur, repartit M. Grimod, si l'empereur s'était appliqué au progrès de l'art culinaire, qui sait à quel degré de perfection il l'eût poussé! »

Fouché, désarmé, sourit et M. Grimod ne fut plus inquiété.

Mais je reviens à mon sujet :

Mon grand-père transmit à mon père, qui me les légua plus tard, des cahiers manuscrits où l'art qui fait mes délices est traité de main de maître et en fine bouche, parlant par respect, ce qui ne surprendra personne, puisqu'ils viennent de M. Grimod de la Reynière.

Je détache par-ci, par-là, quelques feuillets de ces manuscrits pour le *Figaro;* mais aujourd'hui je veux faire à la France et au monde un présent qui m'assurera la reconnaissance de tout être digne du nom d'homme, car l'homme d'esprit, l'homme délicat, bien élevé, complet, seul sait apprécier, savourer ce qu'il mange.

Or, je commence à poser en principe que personne ne sait comme moi fabriquer un pâté et, le pâté bien fait est non-seulement un morceau de gourmet, mais encore une ressource, à la campagne, au château, où, dans la saison de villégiature où nous entrons, arrivent souvent des convives inattendus; le mets dont on ne se fatigue jamais et dont l'apparition, sur une table élégamment et confortablement servie, fait sourire les plus jolies bouches et briller les yeux les plus charmants.

Le pâté est une spécialité, c'est la mienne; ceux des plus illustres pâtissiers ne valent rien, j'en donne la raison, page 9.

Je défie qui que ce soit sur le terrain de la pâte et du godiveau; on en jugera par mes enseignements et si l'on veut s'en bien pénétrer et exécuter ponctuellement mes préceptes, on me votera des statues... de pain d'épice sur socles de brioche, et la race des gourmands gardera ma mémoire.

Telle est la gloire que j'ambitionne et à laquelle j'aspire; elle en vaut peut-être bien d'autres.

DAME JEANNE.

ARGUMENT.

Le vulgaire — et en fait d'art culinaire les Béotiens pullulent — s'imagine que dans le pâté la croûte est l'accessoire. Cette erreur provient de l'ignorance et de l'absence totale de délicatesse du palais; mais, s'appuyant de ce principe faux, la généralité des pâtissiers emploie pour ses croûtes de l'affreuse pâte de boulanger : c'est une hérésie qui doit être relevée, révélée, signalée et détruite.

Pour faire un pâté selon les règles de l'art et la joie des connaisseurs, deux choses sont indispensables :

Une bonne pâte ;

Une gelée savante.

La pâte brisée est la seule qui convienne aux pâtés froids.

Il ne doit jamais entrer dans un pâté que de la viande désossée.

1.

PATE BRISÉE.

Proportions : un kilogramme de farine pour un demi - kilogramme de beurre frais ; trois œufs, blancs et jaunes ; 15 grammes d'eau ; 10 grammes de sel.

On pose la farine sur la planche à pâtisserie ; on fait un trou au centre du tas ; on y introduit le beurre que l'on a rendu malléable, s'il est dur, en le maniant préalablement, les œufs, le sel et l'eau ; puis on mélange peu à peu en prenant la farine dans le pourtour intérieur du tas et en l'incorporant. La pâte se forme, on la travaille pendant un quart d'heure, une demi-heure, jusqu'à ce qu'elle soit bien mêlée et bien agglomérée ; alors on la brise par morceaux pas plus gros que le poing, avec le talon de la main ; on la réunit à l'aide du rouleau à pâtisserie ; on la remet en pelote, on la laisse reposer un instant et on la brise encore.

Cette opération doit être répétée trois fois.

On remet la pâte en pelote : si elle a été suffi-
samment travaillée, elle est *lisse* ; on la laisse reposer pendant deux heures dans un endroit frais, car
il faut qu'elle soit extrêmement ferme ; alors on
peut s'en servir et monter le pâté.

GELÉE DE VIANDE.

Trois pieds de veau ou trois pieds de porc, un
demi-kilogramme de bœuf, six oignons rouges de
moyenne grosseur; six carottes rouges de moyenne
grosseur ; un bouquet de persil, une feuille
de laurier, 75 grammes de lard ; 75 grammes de
jambon ; 3 litres d'eau, ou 2 litres d'eau et 1 litre
de vin blanc, c'est affaire de goût, qui doivent,
après cuisson, être réduits à un litre, un litre et
demi ; sel et poivre. Il faut se rappeler que le lard
et le jambon étant salés, on doit ménager le sel
de l'assaisonnement. Trois heures de cuisson suffisent généralement ; mais on juge que la gelée
est cuite lorsque les pieds se désossent d'eux-
mêmes et que les chairs tombent en lambeaux ;
une demi-heure avant que la cuisson s'achève on
y ajoute un demi-verre de bon jus de viande.

Bien cuite la gelée est consistante, s'affermit en refroidissant et se soutient d'elle-même. Lorsqu'on la suppose cuite, on la retire du feu, on la passe au tamis fin ou dans un linge, et lorsqu'elle est en gelée, on la dégraisse; puis on la remet sur le feu en y ajoutant le jus de plusieurs citrons; dès qu'elle est attiédie par l'action du feu, on y mêle, afin de l'éclaircir, deux œufs, jaunes, blancs et coquilles, battus dans quelques cuillerées d'eau; on la fouette un peu et on la tourne jusqu'à ce qu'elle ait jeté deux ou trois bouillons; on la retire du feu, on la recouvre et on la laisse reposer un quart d'heure, après quoi on la passe dans un linge avec précaution afin que le dépôt qui se trouve au fond de la casserole ne trouble point la gelée. Si elle n'était point parfaitement claire, on la passerait à diverses reprises dans des linges.

PATÉ

DE VEAU ET DE PORC

INTÉRIEUR D'UN PATÉ DE VEAU ET DE PORC.

Pour un pâté d'un kilogramme de farine, il faut, sans comprendre le godiveau, qui se traite à part, trois quarts de kilogramme de filet de porc et autant de cuisse de veau, celle-ci piquée au gros lard.

On coupe ces viandes en morceaux de 6 centimètres carrés, aussi réguliers que possible, d'une épaisseur de un centimètre à peu près, plutôt plus que moins ; on pose dans le fond d'un vase de terre une couche de rouelles d'oignons très-minces, fragments de feuilles de laurier, quelques branches de persil, sel et poivre — *jamais d'ail ni de clous de girofle ;* — quelques cuillerées de bonne huile d'olive, puis une couche de tranches de viande, une couche de rouelles d'oignons et des autres condiments précités ; on alterne ainsi les couches jusqu'à ce que toute la viande se trouve casée.

On doit procéder de manière à reconnaître et à démêler les deux espèces de viande ; pour ce motif,

on fera bien de les mettre chacune dans un vase
différent.

On les y laisse pendant quarante-huit heures en
hiver, vingt-quatre heures en été, douze heures si
la chaleur est excessive, et on les retourne de
temps en temps afin que chaque morceau de
viande soit également assaisonné.

Au moment de monter le pâté, on retire les
viandes de la marinade, on enlève les fragments
d'assaisonnements qui y pourraient adhérer et on
fait égoutter dans un vase à fond troué ou dans
une passoire.

On prépare un godiveau de la manière suivante :

Un demi-kilogramme de cuisse de veau, un demi-
kilogramme de filet de porc, deux tetines de veau ;
on fait préalablement blanchir celles-ci à l'eau
bouillante et au sel et l'on en ôte ensuite les peaux
et les filaments ; on coupe les viandes et la tetine en
petits morceaux ; on les met à la casserole avec
beurre frais, sel et poivre ; on pose la casserole sur
un feu modéré, sans laisser rissoler ; on retourne les
viandes, et dès que la chair de veau est blanche,
on retire du feu, on laisse refroidir et l'on hache
le tout extrêmement fin ; puis on place ce hachis
dans un vase creux, et l'on ajoute une panade de

lait frais ou de crème et de mie de pain, cuite
au point *de faire du beurre*. Pour la quantité de
viande indiquée on doit mettre le demi-quart à
peu près de panade ; de l'échalote hachée très-fin
et passée au feu dans du beurre ; persil en petite
quantité, haché de même ; sel et poivre, et, si l'on
peut, une ou deux truffes bien hachées ; deux œufs,
jaunes et blancs, trois, si le godiveau paraissait
dur ; on mêle énergiquement le tout de manière
à en former une pâte un peu molle mais nullement
coulante.

MANIÈRE DE MONTER LES PATÉS.

Les viandes, le godiveau et la pâte étant prêts,
il s'agit de monter le pâté ; c'est une opération
délicate que simplifie l'emploi du moule ; mais,
outre que l'on n'a pas toujours un moule à sa dis-
position, si l'on veut donner à son pâté des dimen-
sions un peu fortes, on ne trouvera pas de moule
ad hoc dans le commerce et il faudra le commander
et le faire exécuter préalablement.

On procède donc sans moule d'après les indications suivantes :

On coupe un quart environ de la pâte que l'on a préparée et l'on met ce quart en réserve ; on saupoudre de farine la tôle sur laquelle le pâté doit être monté et mis au four ; on pose sur cette tôle le morceau de pâte le plus gros ; puis, avec le poing et le pouce, on trace dans le centre de la pâte que l'on a un peu étendue, soit un cercle, soit un carré long, soit un carré parfait, selon la forme que l'on veut donner au pâté, et l'on agrandit ce cercle ou ce carré, en le travaillant avec le poing jusqu'à ce que le fond du pâté ait acquis le développement voulu. Il ne faut pas que ce fond soit trop mince ; on doit éviter également qu'il ait trop d'épaisseur, un centimètre et demi est la mesure convenable. Les bords de la pâte ont alors une épaisseur considérable ; on devra monter ces bords en les diminuant d'épaisseur et en commençant à les amincir par en bas afin d'élever le pâté à la hauteur voulue, qui ne doit pas être de moins de 16 centimètres pour un pâté d'un kilogramme de farine. Le tour devra être beaucoup plus mince que le fond. A mesure que l'on exhausse la croûte, on la remplit ; après avoir aminci la pâte près du fond en la pressant entre le pouce et l'index de chaque main et en la rapprochant pour que le pâté soit sans mesure trop appréciable à l'œil un peu plus étroit du haut que du bas, ce qui le consolide.

On étend sur le fond une couche de godiveau, puis une couche de viande, les morceaux de veau et de porc alternés ; on continue à monter le pâté ainsi jusqu'à ce qu'il ait acquis la hauteur indiquée. On peut y introduire quelques belles truffes entières, ce qui ne gâte rien. En posant les dernières couches de viande et de godiveau, on laisse un vide au centre, où doit être placée la cheminée.

Le pâté rempli, on y verse l'assaisonnement, — passé dans la passoire — dans lequel a mariné la viande ; puis on prend le morceau de pâte que l'on a mis en réserve, on l'étend avec le rouleau à pâtisserie pour en former une abaisse mince que l'on pose sur le pâté.

On la laisse assez lâche pour qu'elle puisse se distendre sans éclater lorsque l'intérieur du pâté se gonflera et montera par le fait de la cuisson des viandes. On égalise au couteau les bords de l'abaisse, puis avec un œuf battu, on mouille, à l'aide d'un pinceau, les bords de l'abaisse et le bord intérieur du haut du pâté et on les soude ensemble, en les pressant l'un contre l'autre entre le pouce et l'index, en ayant soin, ainsi qu'il est recommandé plus haut, de laisser à l'abaisse tout le jeu possible en prévision du gon-flement.

On pratique au centre de l'abaisse un trou correspondant à celui que l'on a laissé dans la viande en montant le pâté pour y introduire la cheminée, que l'on a confectionnée en roulant en travers, de manière à former un cylindre, une carte à jouer entourée d'une feuille de papier blanc, ou des feuilles de papier superposées et collées ensemble le unes sur les autres ; le vide du cylindre doit avoir une circonférence de 10 centimètres environ. On entoure ce cylindre d'une feuille de pâté très-mince, et on la pose sur le trou de l'abaisse en l'enfonçant de 2 centimètres au moins dans l'intérieur du pâté ; pour que cette cheminée se maintienne, on l'entoure à sa base d'un cordon de pâte que l'on colle à l'œuf.

On dore alors le pâté, au pinceau, sur toutes ses surfaces avec des œufs battus ; puis on l'ornemente, selon sa fantaisie et son goût, de guirlandes de feuillage, de festons, d'astragales, de grecques, de lacs d'amour, en minces lames de pâte, que l'on confectionne à l'aide du couteau, de la pince à pâtisserie et des instruments voulus ; on applique et l'on maintient ces ornements avec de l'œuf battu, et une fois appliqués, on les dore également à l'œuf.

Lorsque la dorure est prise et sèche, on prépare de larges bandes épaisses de papier huilé, d'une hauteur égale à celle du pâté et assez longues pour en faire au moins deux fois le tour ; on entoure le pâté de ce papier, que l'on maintient avec du ruban de coton blanc un peu large et également huilé, que l'on applique, sans laisser d'intervalles considérables entre les rangs de ruban, de la base au faîte ; on étend sur le haut du pâté une feuille de papier huilé qui doit entièrement le couvrir.

Dans cet état il est prêt à être enfourné ; mais sa préparation a dû avoir lieu au moins douze heures avant de le mettre dans le four ; pendant ces douze heures on doit le tenir dans un endroit très-frais, mais nullement humide.

Le pâté doit être enfourné au moment où l'on retire le pain du four et y séjourner au moins durant cinq heures, s'il a les proportions sur lesquelles nous nous sommes basés.

Il est indispensable de recommander au fournier de surveiller sa cuisson, car dans le cas où il menacerait de trop se colorer, on le ramène sur le bord du four, toujours moins chaud que le fond.

Lorsque le pâté est cuit, on le laisse refroidir sans le déballer ; quand il est entièrement froid, on liquéfie sur le feu la gelée que l'on a préparée d'avance, et dès qu'elle est liquide, avant même qu'elle s'attiédisse, on l'introduit dans le pâté par la cheminée, par petites quantités afin qu'elle s'absorbe peu à peu dans les vides, qu'elle s'insinue dans les interstices, mais qu'elle ne déborde point sur le dessus du pâté. Dès qu'elle s'est congelée dans le pâté, on peut le manger. On le sert entier et on le coupe en larges tranches de 6 à 7 centimètres d'épaisseur. On sert ordinairement avec le pâté un pain de gelée.

Lorsque les pâtés se font dans un moule, on graisse celui-ci et l'on monte la pâte, en l'appliquant contre les parois du moule ; on fait l'abaisse ainsi qu'il est indiqué, et quand le pâté est cuit, on ne le démoule que parfaitement refroidi.

Jamais la croûte d'un pâté monté dans un moule n'a la délicatesse et la finesse de goût du pâté monté à la main.

OBSERVATIONS GÉNÉRALES.

Pour tous les pâtés froids, la croûte est la même, c'est-à-dire qu'elle se fait avec une pâte brisée, telle qu'elle est indiquée, page 10.

Les marinades, les godiveaux, les condiments seuls diffèrent.

Les néophytes doivent se persuader qu'il ne faut absolument rien modifier à nos indications, s'ils tiennent à mériter les éloges et la reconnaissance des appréciateurs; il est urgent de se souvenir que l'art culinaire est une branche de la chimie, science qui n'admet ni modifications, ni procédés par *à peu près*, ni compromis.

Une feuille de sauge, mise à la place d'une feuille de thym, peut renverser toute l'économie d'un mets; c'est pourquoi on doit être pénétré de cette vérité absolue qu'en fait d'art culinaire, l'esprit tue et la lettre vivifie; aussi donnerons-nous diverses recettes qui paraîtront identiques aux esprits superficiels, mais qui différeront certainement par quelques points essentiels, communiquant une saveur toute particulière et spéciale aux viandes et aux mets qu'elles concerneront.

Pour les pâtés dont les recettes suivent, les quantités et les proportions seront variées afin d'accoutumer les néophytes aux choses du métier.

PATÉ

DE SANGLIER

PATÉ DE SANGLIER.

Le pâté de sanglier, se conservant assez longtemps, est un morceau de résistance ; il doit donc
être indiqué dans des proportions un peu fortes ;
il est bien entendu qu'en observant, soit en les
augmentant, soit en les diminuant, les quantités,
les résultats sont identiques.

On donne ordinairement à ce pâté la forme
d'un carré long.

Si l'on a le choix des morceaux, on emploie de
préférence du cuissot et du filet.

Un kilogramme et demi de sanglier, que l'on
coupe en carrés longs de 8 centimètres sur 6 de
largeur et 2 d'épaisseur.

La chair de sanglier étant de haut goût, la
marinade doit être fort relevée ; on la compose de
la manière suivante : un lit de rouelles d'oignons
rouges et forts, sur lequel on dispose quelques
branches de persil, des fragments de feuilles de

laurier, quelques grains de poivre noir, sel, poivre en poudre, un soupçon de noix muscade râpée, quelques cuillerées d'huile et une cuillerée de vinaigre; on pose sur cette marinade une couche de morceaux de sanglier; on remet sur la viande un autre lit de marinade, et on alterne ainsi les lits de viande et de marinade, jusqu'à complet emploi de la viande.

On fait mariner de même, mais sans vinaigre et sans muscade, un kilogramme et demi de jambon coupé en morceaux de la longueur de ceux de sanglier, mais plus minces, que l'on alternera avec ceux-ci en montant le pâté.

Puis on prépare un godiveau, en coupant en petits carrés un demi-kilogramme de cuissot de veau, un kilogramme de filet de porc, deux tetines de veau blanchies comme il est indiqué page 16; on ajoute un quart de kilogramme de lard, et l'on passe le tout au beurre sur un feu modéré; on retire du feu, on laisse refroidir et l'on hache menu. On incorpore une panade de lait frais et de mie de pain extrêmement cuite et en quantité égale au demi-quart du godiveau; deux cuillerées à café d'échalotes hachées fin et passées au beurre à feu doux; persil haché, mêmes proportions; sel et poivre; soupçon de muscade râpée; trois œufs, blancs et jaunes. On mêle bien le tout.

Pour ce pâté, qui aura 36 centimètres de longueur environ, sur 18 de largeur, 20 de hauteur, il faudra employer une pâte brisée, composée de un kilogramme et demi de farine, trois quarts de kilogramme de beurre frais, cinq œufs, blancs et jaunes, 20 grammes d'eau, 15 grammes de sel.

Procéder, pour le surplus, d'après les indications pages 17 et 18, et placer deux cheminées à égale distance chacune, au tiers de l'abaisse, dans la longueur du pâté.

Lorsque le pâté est monté, il ne faut pas oublier de passer la marinade et de la verser dans l'intérieur par les cheminées; cela se fait d'ailleurs pour tous les pâtés.

Il faudra six heures au moins de cuisson. Le pâté entièrement refroidi, on y introduira, au lieu de gelée, une sauce faite ainsi :

Trois cuillerées à bouche de roux blanc délayé avec deux cuillerées de jus de jambon, et quantité suffisante pour une sauce un peu longue de bon jus de viande bien corsé; sel et poivre avec ménagement, en raison du jus de jambon déjà salé et poivré. On laisse cuire un quart d'heure;

cette sauce doit être très-consistante ; on ajoute un peu d'écorce d'orange amère (bigarade) avant l'ébullition et quelques gouttes, quatre, cinq, six, du jus de cette orange. On fait refroidir et l'on introduit dans le pâté par les cheminées.

JUS DE VIANDE

ET

ROUX BLANC

JUS.

Les jus et le roux blanc étant le pivot et la base, la clef de voûte de toute cuisine savante et délicate, nous croyons devoir indiquer ici la manière de les traiter *ex professo.*

JUS DE VIANDE.

On étend, au fond d'une casserole de cuivre étamée, un lit de minces tranches de lard ; on le recouvre d'un lit de rouelles d'oignons rouges, et celui-ci de rouelles de carottes ; on coupe, en tranches minces de 5 centimètres carrés, un kilogramme de bœuf que l'on place dans la casserole par couches superposées après les avoir *battues,* afin de les attendrir, et l'on fait partir à feu vif ; si l'on a des os crus ou cuits, des abatis de volaille et de gibier à plumes, on les pose sur la viande ; on laisse prendre aux oignons une bonne couleur foncée et l'on s'assure qu'ils sont à point en introduisant, sans déranger et sans mêler la viande que l'on écarte un peu, la pointe d'un couteau jusqu'au fond de la casserole, ce qui permet la vérification *de visu*; si les oignons sont bien bruns, on mouille avec quelques cuillerées d'eau bouillante, en assez grande quantité pour couvrir le fond de la casserole, puis on laisse réduire jusqu'à la graisse, lorsque celle-ci *crie*, on mouille de nouveau, en remplissant la casserole assez copieusement pour submerger tout son contenu. On met habituellement 2 litres 1/2 d'eau pour un kilogramme et demi de viande; on laisse partir à gros bouillon, puis on diminue le feu et l'on fait cuire à feu doux pendant cinq ou six heures; la réduction a dû s'opérer sur un litre environ. On passe au linge mouillé, afin de dégraisser, si l'on emploie le jus avant qu'il soit refroidi. Dans le cas contraire, on passe simplement au tamis ou à la passoire à filtre et on laisse la graisse sur le jus, qu'elle conserve et que l'on dégraisse à froid au moment de s'en servir.

JUS BLANC DE VOLAILLE.

On lève les cuisses et les ailes d'une volaille que l'on a fait tremper à l'eau fraîche pendant quatre heures ; on pile au mortier la carcasse, en ôtant les parties rouges et sanguinolentes, telles que le foie, le cœur, etc. ; on ajoute les ailes et les cuisses, un demi-kilogramme de beurre frais, et l'on continue à piler jusqu'à ce que cela forme une pâte, que l'on met dans une casserole avec addition d'un litre et demi d'eau ; on fait cuire à feu doux pendant deux heures en laissant réduire d'un tiers ; puis on passe au tamis, et l'on dégraisse pour s'en servir.

JUS DE JAMBON.

Dans le fond d'une casserole de cuivre étamé, un lit de tranches minces de gras de jambon, un lit de rouelles d'oignons rouges, un lit de rouelles de carottes, des lits superposés de jambon cru, gras et maigre, jusqu'au tiers de la casserole. On pose sur un feu doux jusqu'à ce que les oignons prennent tout doucement couleur ; on mouille alors avec de l'eau bouillante jusqu'au tiers de la casserole ; on laisse mijoter pendant quatre heures. On passe à la passoire à filtre, et l'on dégraisse.

ROUX BLANC.

Un quart de beurre surfin ; on le pose à feu doux ; on incorpore quatre grosses cuillerées à bouche de farine première qualité ; on tourne sans quitter avec une cuiller de bois ; quand l'agglomération est complète, on verse peu à peu et en continuant à tourner, un demi-litre d'eau ; on tourne encore jusqu'à cuisson, et alors on laisse aller à feu très-doux pendant deux heures.

JUS MAIGRE DE POISSON.

On garnit de beurre fondu le fond d'une casserole de cuivre étamé ; on pose sur le beurre un lit de rouelles d'oignons, un lit de tranches de carottes ; des lits superposés de thon, de bonite, de brochet, de truites, de grenouilles, de tous les poissons que l'on voudra, excepté l'anguille, la carpe et le barbeau. On place la casserole sur un feu

ardent et on laisse prendre aux oignons une couleur
brun foncé; quand les oignons sont bruns, on
mouille de quatre cuillerées d'eau-de-vie, en pen-
chant la casserole de tous côtés afin que l'eau-de-vie
se répande partout; on ajoute la quantité d'eau voulue pour produire, en tenant compte de la diminu-
tion, un litre de jus par kilogramme de poisson.
On assaisonne de sel, feuille de laurier, quatre
clous de girofle, un bouquet de persil, et on laisse
cuire à feu doux pendant quatre ou cinq heures.
On passe au tamis ou dans un linge.

BEURRE D'ÉCREVISSE.

On fait cuire dans un bon court-bouillon un
cent d'écrevisses; quand elles sont cuites on enlève
les queues et l'intérieur de l'estomac. Les pattes
et les carapaces se pilent au mortier avec un
quart de kilogramme de beurre frais jusqu'à ce
que cela forme une pâte; on met cette pâte au
feu dans l'eau bouillante et on laisse cuire une
demi-heure; puis on passe dans un linge en
exprimant le plus possible; on laisse refroidir; le

beurre surnage, se fige et on l'enlève avec précaution afin qu'il soit complétement sans eau.

PATÉ DE CHEVREUIL.

On coupe un demi-kilogramme de cuissot de chevreuil en morceaux de 3 centimètres carrés; on les place dans une marinade semblable à celle employée pour le sanglier, mais sans muscade, et l'on y ajoute quelques brindilles de thym.

On fait mariner séparément un demi-kilogramme de jambon coupé en morceaux semblables à ceux du chevreuil.

En hiver, quatre jours au moins de marinade, plus si c'est possible. En été, vingt-quatre heures.

Le godiveau doit être fait avec un demi-kilogramme de cuissot de veau et un demi-kilogramme de jambon; pas de lard ni de muscade. Pour le surplus, la préparation est la même que celle du pâté de sanglier.

Sauce identique.

Pour la croûte de ce pâté on emploiera seulement un demi-kilogramme de farine, un quart

de kilogramme de beurre frais, deux œufs,
10 grammes d'eau, 5 grammes sel.

Trois heures de cuisson suffisent.

PATÉ DE LIÈVRE.

Il est impossible, vu la conformation du lièvre,
de le couper en morceaux réguliers ; on le coupe
donc comme l'on peut ; chaque morceau doit être
piqué de lard fin, *en hérisson*, comme le frican-
deau ; on fait mariner ces morceaux comme le
chevreuil, et dans une marinade séparée, un
demi-kilogramme de morceaux de veau, pour une
égale quantité de lièvre. Ces viandes doivent
séjourner dans la marinade pendant trente-six
heures en hiver, douze ou seize en été.

Le godiveau se fait avec un quart de kilogramme de chair de porc, un quart de jambon,
tous les débris de chair du lièvre, foie, etc. On
passe le tout au beurre sur le feu ; on laisse
refroidir et l'on hache très-fin ; puis on achève ce
godiveau comme celui des autres pâtés, avec
panade de lait et de pain, œufs, etc.

Même sauce que pour le chevreuil.

Croûte de ce pâté : un demi-kilogramme de farine, un quart de kilogramme de beurre, deux œufs, 10 grammes à 5 grammes d'eau, sel, trois heures de cuisson.

En général, les pâtés de petite dimension doivent être ronds.

PATÉ DE VOLAILLES ET DE JAMBON.

On désosse un poulet ou une jeune poule, on le découpe en morceaux de 3 ou 4 centimètres ; on découpe également trois quarts de kilogramme de jambon, en tranches très-minces de 4 à 5 centimètres de longueur sur même largeur, et on dispose le tout, sans le séparer, en couches superposées dans une marinade d'oignons, huile, sel et poivre, persil et fort peu de laurier.

On fait mariner pendant vingt-quatre ou douze heures suivant la saison ; on retire les viandes de la marinade et l'on a soin d'en détacher les fragments d'assaisonnements qui y pourraient adhérer.

Godiveau : on met tremper à l'eau fraîche, pendant quelques heures, après l'avoir découpé comme pour le mettre en fricassée un autre poulet. On délaie sur le feu dans une casserole de cuivre étamé, un morceau de beurre et une forte cuillerée de farine que l'on tourne jusqu'à ce que le beurre souffle; on mouille d'un demi-litre d'eau bouillante; on assaisonne d'un oignon, sel en petite quantité, poivre blanc, un jus de citron, un petit morceau de racine de persil et l'on fait partir vivement. On y introduit alors les morceaux de poulet que l'on essuie en les sortant de l'eau et quelques petits morceaux de jambon gras et maigre; quand le poulet est cuit, la sauce doit avoir réduit d'un tiers; on enlève l'oignon et la racine de persil; on sépare les os de la chair du poulet et on remet celle-ci dans la sauce, qu'on doit faire refroidir; puis on hache cette chair de poulet avec sa sauce; on incorpore une panade faite de mie de pain et de quatre cuillerées de bonne crème, deux œufs et quelques branches de persil haché bien menu; on peut également y incorporer quelques morilles blanchies, passées au beurre et hachées, ou quelques truffes passées au beurre et hachées.

La gelée se fait avec deux pieds de veau, un quart de kilogramme de bœuf, les os, la tête et les pattes du poulet que l'on a désossé; du lard en petite quantité, trois oignons et trois carottes, un litre et demi d'eau ; on y ajoute une demi-verrée de jus de viande de bœuf avant de la clarifier.

Dans la croûte, pâte brisée, il entre un demi-kilogramme de farine, un quart de kilogramme de beurre frais, trois œufs, 15 grammes d'eau et très-peu de sel.

Lorsque l'on monte ce pâté, qui doit être rond, on commence par une couche de godiveau, puis une couche de jambon et une couche de morceaux de poulet, et on continue en alternant les couches.

Quatre ou cinq heures de cuisson suffisent. Dès que le pâté est cuit, il faut le faire promptement refroidir, afin d'y introduire la gelée froide aussi, et parfaitement dégraissée.

Pour le manger exquis, il ne faut pas attendre au delà de douze heures après sa cuisson.

Inutile d'ajouter que l'on peut y introduire quelques rouelles de truffes.

PATÉ DE PERDREAUX.

On désosse deux perdreaux ; on les découpe ; on les fait mariner dans une marinade semblable à celle du pâté de poulet ; on les y laisse pendant douze heures ; puis on les retire de cette marinade au moment de monter le pâté.

On prépare un godiveau tel que celui indiqué pour le pâté de volailles, et, pour la croûte, on procède de la même manière et par les mêmes quantités.

On met de la gelée dans le pâté de perdreaux.

Quatre heures de cuisson.

PATÉ DE PERDREAUX FIGARO.

On désosse trois perdreaux et on les retourne la peau en dedans, la chair en dehors pour les mettre dans la marinade, où ils doivent séjourner douze heures.

Godiveau : on prend le foie de ces perdreaux, deux foies de poulets, trois foies de canards ; on les blanchit au beurre, sans les laisser rissoler ; on cuit au vin blanc deux grosses truffes ; on blanchit et l'on passe au beurre quelques morilles et l'on hache le tout ensemble ; on ajoute quelques branches de persil haché et gros comme un œuf de panade de mie de pain et de crème parfaitement cuite, deux cuillerées de jus de viande et une cuillerée de jus de jambon.

On coupe des truffes crues en forme de gros dés carrés.

On retourne les perdreaux la peau en dehors; on les enduit intérieurement de godiveau dans tout le pourtour en laissant au milieu un vide que l'on bonde de dés de truffes.

On farcit ainsi les trois perdreaux.

On pose dans le fond de la croûte du pâté, qui doit être de trois quarts de kilogramme de farine, beurre et œufs dans les proportions indiquées, un lit de godiveau, un lit de rouelles de truffes; puis les trois perdreaux debout, c'est-à-dire les croupions posés sur le godiveau et les ailes sous l'abaisse du pâté; on remplit les vides de godiveau et de dés de truffes, puis on étend un lit de godiveau sur les perdreaux et on pose l'abaisse.

Ce pâté doit être rond; quand il est froid on y introduit de la gelée et on en sert un pain sur la table quand on doit le manger.

Quatre heures de cuisson.

PATÉ DE BÉCASSES.

On désosse trois bécasses et l'on met de côté les os, les entrailles et les têtes; on fait mariner pendant vingt-quatre heures au moins les bécasses, la peau en dedans, la chair en dehors.

On pile les os et les cous avec un morceau de beurre frais gros comme un œuf de dinde jusqu'à ce que cela forme une pâte; on fait bouillir cette pâte dans un demi-litre de jus de viande qu'on laisse réduire à un quart de litre; on pile ensuite les entrailles, on les passe au feu dans du beurre; on les passe à la passoire en exprimant fortement, et on mêle le liquide passé au jus de viande que l'on remet au feu avec de la mie de pain pour former une panade. On fait blanchir au beurre ensemble un quart de kilogramme de filet de porc, un quart de kilogramme de noix de veau, un demi-quart de kilogramme de maigre de jambon, coupés en petits morceaux; deux tetines de veau blanchies préalablement à l'eau bouillante et au sel; puis on hache le tout très-menu; on y incorpore la panade, une ou deux truffes passées au beurre et hachées, une cuillerée à café d'échalotes blanchies au beurre et hachés et autant de persil. Tel est le godiveau.

La pâte brisée se fait toujours de la même manière; on varie seulement le dosage selon le volume que l'on veut donner au pâté.

Si le pâté doit être servi chaud, le godiveau se place dans le fond et les morceaux de bécasses dans le centre, aplatis et non découpés, les trois têtes dessus et sous l'abaisse. Dans ce cas la croûte se fait très-mince. S'il doit être servi froid, on découpe les bécasses et on alterne par rangées de godiveau et de morceaux de bécasses; on parsème ce pâté de rouelles de truffes.

La sauce se fait comme celle du pâté de sanglier, voir page 29.

Quatre heures de cuisson.

PATÉ D'ALOUETTES.

On désosse une demi-douzaine ou une douzaine d'alouettes, on les retourne et on les fait mariner, comme les cailles, pendant douze heures; on met de côté les entrailles et les os, on pile ceux-ci ainsi que les têtes et les cous avec du beurre ; quand la pâte est bien agglomérée, on ajoute du jus de bœuf et l'on fait cuire ; on passe les entrailles au beurre ; on les joint au jus, qu'il faut laisser cuire encore ; puis on passe cette cuisson à la passoire, et on la remet au feu avec de la mie de pain pour obtenir une panade grasse ; on passe au beurre, à feu doux, quelques truffes, du maigre de jambon, de la moelle de bœuf préalablement blanchie, une ou deux tetines de veau (selon la quantité de godiveau que l'on veut faire) blanchies à l'eau bouillante et au sel, puis coupées en petits morceaux et passées au beurre ; on hache le tout ensemble ; on y ajoute échalotes hachées, blanchies au beurre, persil également haché, puis la panade et l'on farcit les alouettes avec ce godiveau. S'il en reste, on le mélange à un godiveau supplémentaire, fait de la même manière que celui du pâté de veau et de jambon.

Pate brisée. — La croûte d'un pâté bien fait doit toujours être mince, mais particulièrement celle des pâtés chauds.

Le pâté d'alouettes se sert chaud ou froid.

La sauce est celle du pâté de sanglier, dans laquelle il ne faut pas négliger le jus et l'écorce d'orange amère.

Le pâté de grives se fait exactement comme celui d'alouettes. Toutefois, dans la saison du raisin, on emploie les entrailles pour la farce, ce qui n'a pas lieu lorsque les grives se nourrissent de baies de genièvre : on les vide alors et, en les désossant, on jette les entrailles.

Quatre heures de cuisson.

PATÉ DE CAILLES.

On désosse une demi-douzaine de cailles, ou plus selon le volume que doit avoir le pâté ; on les retourne la peau en dedans, on les met dans une marinade semblable à celle du pâté de volailles (page 40) ; on y joint quelques tranches de jambon, huit ou dix au moins de 7 centimètres de longueur sur 5 de largeur et un d'épaisseur ; on laisse mariner pendant douze heures.

On prépare un godiveau de noix de veau, de de filet de porc, de tetine, comme celui indiqué au pâté de veau (page 16) ; puis on retire les cailles de la marinade, on les retourne la chair en dedans et on les farcit du godiveau, auquel on ajoute, si l'on peut, quelques truffes passées au beurre et hachées ainsi que des morilles blanchies à l'eau bouillante, puis passées au beurre, ou simplement les unes ou les autres.

Pâte brisée, pâté rond.

Quand on monte le pâté, on met au fond un lit de ce godiveau, puis les cailles rangées en rond. On remplit le pourtour et les interstices de godiveau ; on place sur les cailles les tranches de jambon et l'on pose l'abaisse.

Lorsque le pâté est cuit (quatre heures de cuisson) et refroidi, on verse dedans une gelée dans laquelle on aura fait cuire les os des cailles désossées, qui lui communiquent un goût exquis.

PATÉ DE CAILLES DAME JEANNE.

Pour ce pâté excessivement délicat, il faut douze cailles ; on en désosse six que l'on retourne toujours la chair en dehors et que l'on met mariner comme il est indiqué plus haut, pendant douze heures.

Les os de cailles sont très-mous et d'une saveur exquise. On pile jusqu'à les réduire en pâte, ceux des six cailles que l'on a désossées ; on vide les six autres cailles ; on les met au mortier avec les os et on continue à piler en ajoutant un peu de jambon ; on pile encore jusqu'à réduction en pâte. On incorpore gros comme un œuf de dinde de beurre frais très-fin et on pile de nouveau. Lorsque l'agglomération est complète, on ajoute une panade de six cuillerées de bonne crème double et de mie de pain préalablement cuite et refroidie, et l'on continue à piler ; on ajoute une petite cuillerée à café d'échalotes hachées et passées au beurre, un peu de persil haché, des morilles blanchies à l'eau bouillante et passées au beurre, des truffes passées au beurre et hachées, trois œufs, sel et poivre. C'est le godiveau.

On fait cuire au vin blanc sec, des truffes coupées en dés carrés, on les laisse refroidir dans leur cuisson, puis on les épure.

On retire les cailles désossées de la marinade, on les enduit partout intérieurement d'une couche de godiveau, et on les remplit de dés de truffes.

On fait une pâte brisée et dans le fond du pâté on étend un lit de godiveau sur lequel on place les cailles ; puis on remplit les vides de ce même godiveau, parsemé de dés de truffes, on en recouvre les cailles et l'on pose l'abaisse.

Ce pâté doit être rond.

On sait qu'il ne faut jamais enfourner un pâté que douze heures après l'avoir monté.

Quatre heures de cuisson suffisent.

Lorsque le pâté est refroidi, on y introduit une gelée bien corsée et bien dégraissée.

Quelques personnes préfèrent cette sauce : on fait un roux blond de beurre et d'une forte cuillerée de farine ; on y ajoute une cuillerée à café d'échalotes hachées ; on leur laisse à peine prendre couleur ; on mouille en tournant, d'un demi-litre de jus de bœuf très-corsé, trois cuillerées de jus de jambon ; sel et poivre ; un peu d'écorce d'orange amère. On laisse cuire un quart d'heure ; on incorpore quelques gouttes du jus de cette orange ; on passe cette sauce à la passoire fine, et lorsque la sauce est tiède, on l'introduit dans le pâté, qui se sert froid.

PATÉ DE CANARDS SAUVAGES

Se fait comme le pâté de bécasses (page 45).

PATÉ DE CANARDS DOMESTIQUES

Se fait comme le pâté de volailles (page 40) ; mais, au lieu de gelée, on y met la sauce indiquée pour le pâté de sanglier (page 29).

PATÉ CHAUD.

Le pâté que l'on nomme *pâté chaud* se fait d'un godiveau semblable à celui du pâté de volailles ; on y incorpore du maigre de jambon et des truffes hachées.

Puis, sans blanchir des ris de veau, mais les ayant fait baigner dans du lait pendant au moins quatre heures et les ayant ensuite passés à l'eau fraîche, égouttés et essuyés dans un linge, on les met cuire dans une casserole de cuivre étamé au fond de laquelle on place un lit de tranches de lard très-minces, puis un lit d'oignons et un lit de carottes ; on pose les ris de veau sur celui-ci ; on mouille avec du jus de bœuf, on sale et on poivre, et on laisse cuire doucement pendant deux heures.

Lorsque l'on monte le pâté (pâte brisée de même que les précédentes), on place le godiveau au fond, puis les ris de veau, puis les quenelles (voir plus loin la manière de faire les quenelles) qui ont été blanchies préalablement, et on pose l'abaisse.

La sauce se fait d'un roux blanc délayé de jus de bœuf; on y ajoute de la braisure de volailles parfaitement dégraissée ou du jus blanc de volailles. On peut faire cuire ce paté, dont la croûte doit être fort mince, deux heures après sa préparation; deux heures de cuisson suffisent.

PATE DE QUENELLES DE POISSON.

La pâte de quenelles se prépare avec la plupart des poissons de mer et de rivière : brochet de mer, dorade, bonite, merlan, maquereau, sole, saumon, truite, brochet, carpe.

On enlève la chair du poisson en rejetant la peau et les arrêtes, on la baigne une demi-heure à l'eau fraîche, on l'épure et on l'essuie dans un linge, et on la pile au mortier; lorsqu'elle est à demi pilée, on incorpore autant de panade de mie de pain cuite dans quelques cuillerées de crème au point *de faire beurre*, que l'on a de chair de poisson; elle doit être refroidie pour être incorporée. On pile de nouveau jusqu'à ce que la pâte soit parfaitement lisse; quand elle est ainsi, on ajoute un œuf et l'on continue à piler; puis on mêle un second œuf sans cesser de piler, puis un troisième, un quatrième, plus deux jaunes ; l'intelligence et l'expérience peuvent seules guider pour le nombre d'œufs à ajouter selon la quantité de poisson ; mais la pâte ne doit jamais être *coulante*. On cesse de piler par intervalles pour laisser reposer la pâte. On reconnaît que celle-ci est parfaitement pilée lorsque, en en prenant entre deux doigts, on ne distingue plus la chair de poisson. On ajoute alors autant de beurre frais surfin que l'on a de pâte, et l'on pile de nouveau en incorporant sel et poivre blanc, celui-ci à très-faible dose, et l'on pile jusqu'à ce que le mélange soit parfait, autrement le mets serait complétement manqué.

On laisse reposer la pâte pendant une demi-heure ; on bat en neige deux blancs d'œufs et on les mêle à la pâte avec une cuiller de bois.

Ces quenelles sont d'une délicatesse extrême ; on ne doit point les rouler dans la farine pour les blanchir, mais les mouler dans une cuiller d'argent à l'aide d'un couteau qui sert à les lisser en se servant du plat de la lame. Quand la quenelle est bien moulée dans la cuiller, on attiédit une seconde cuiller d'argent, on en insinue la pointe sous la quenelle, que l'on glisse avec précaution dans cette seconde cuiller. On a de l'eau bouillante salée et poivrée sur le feu, on y plonge la cuiller dans laquelle se trouve la quenelle, qui se détache d'elle-même ; on recommence la même opération pour toutes les autres quenelles. On peut en blanchir douze ou dix-huit à la fois, selon la capacité de la casserole. Elles doivent cuire une petite demi-heure. On les retire de l'eau bouillante avec l'écumoire et on les fait égoutter sur un tamis si l'on doit s'en servir immédiatement ; dans le cas contraire, on les laisse dans leur cuisson.

QUENELLES DE BLANCS DE VOLAILLE.

Se font exactement comme les quenelles de poisson ; mais il faut piler la chair de volaille beaucoup plus longtemps.

PATÉ DE SAUMON.

On écaille et on écorche le saumon ; on le coupe en tronçons de 6 à 7 centimètres, sur 2 centimètres d'épaisseur ; on le fait mariner huit ou dix heures dans de l'huile d'olive, rouelles d'oignons, persil, sel et poivre.

On prépare de la pâte de quenelles avec de la chair crue du même poisson ; on.y incorpore, à volonté, des truffes passées au beurre et hachées, ou des morilles blanchies à l'eau bouillante et hachées et passées au beurre. On a fait mariner pendant deux heures dans du beurre clarifié des queues d'écrevisses blanchies au court-bouillon ou de crevettes bouquet.

On prépare la croûte du pâté, pâte brisée ; on lui donne la forme d'un carré long ; on place au fond une couche de pâte de quenelles, un lit de queues d'écrevisses ; une couche de tronçons de saumon, enduits d'une farce semblable à celle dont on enduit les tronçons de truite (voir pâté de truite), et l'on monte le pâté en continuant à alterner les couches. Avant de poser l'abaisse, on arrose largement de beurre d'écrevisses.

Quatre heures après avoir achevé la pâte, on enfourne.

Cinq heures de cuisson.

PATÉ D'ANGUILLE.

On écorche l'anguille, en incisant la peau autour du cou et en la rabattant sur elle-même en dehors et en la tirant ainsi jusqu'à la queue ; on coupe l'anguille en tronçons de 5 centimètres de longueur ; on enlève la graisse qui se trouve à l'intérieur, dans la partie du ventre ; puis on fait mariner les tronçons dans de l'huile d'olive, sel, poivre, rouelles d'oignons, feuilles de laurier, persil, pendant huit ou dix heures, selon la saison.

On prend 250 grammes de lard ; on le hache très-fin ; si l'on veut faire une pâte maigre, on remplace le lard par du beurre ; on le réunit à une quantité double de chair de poisson, brochet, carpe ou truite crue ; on a ôté la peau et les arêtes de cette chair ; on pile le tout dans un mortier. Quand la réduction en pâte est opérée, on ajoute quatre cuillerées à bouche de panade de crème et de mie de pain, une cuillerée à café d'échalotes hachées et passées au beurre, deux poignées de morilles ou de champignons préalablement blanchis et passés au beurre, sel et poivre, et, si l'on veut, des truffes passées au beurre et également hachées.

On prépare une croûte de pâte brisée et, en montant le pâté, on étend au fond une couche de cette farce ; puis on met dessus un lit de tronçons d'anguille, un lit de farce, un lit de tronçons, jusqu'à achèvement, et l'on ajoute autant de fois 125 grammes de beurre qu'il y a de tronçons d'anguille ; on y exprime deux jus de citrons et on termine son pâté ; on le laisse reposer deux ou quatre heures au frais et on lui donne quatre heures de cuisson pour un pâté d'un kilogramme. On n'y met pas de sauce.

PATÉ DE TRUITE.

On écaille la truite, on lui enlève la peau et on la coupe en tronçons de 7 centimètres ; on la fait mariner dans une marinade, telle que celle indiquée plus haut ; on laisse mariner, en y ajoutant un peu de muscade râpée, pendant sept ou huit heures. Le godiveau se fait de pâte de quenelles et l'on y ajoute quelques truffes ; puis on retire les tronçons de truite de la marinade et, au moment de monter le pâté fait de pâte brisée, on tourne dans une petite farce, faite ainsi, les tronçons de truite : deux cuillerées à café de persil haché, une cuillerée à café d'échalotes hachées, passées au beurre, deux cuillerées à bouche de truffes passées au beurre et hachées, deux cuillerées de morilles blanchies et passées au beurre, le tout amalgamé et mélangé au feu dans 150 grammes de bon beurre, sans laisser prendre couleur. On ajoute sel et poivre, on laisse refroidir et l'on enduit les tronçons de truite ; on place une couche de pâte de quenelles dans le fond du pâté, une couche de tronçons de truite, et l'on continue ainsi. On laisse reposer deux heures et l'on met au four. Trois heures de cuisson pour un pâté d'un kilogramme.

PATE FEUILLETÉE.

On pose de la farine de froment de première qualité sur la planche à pâtisserie; on fait un trou au milieu du tas, on y met de l'eau et du sel et l'on travaille la pâte, qui doit être extrêmement ferme; quand elle est faite, on la laisse reposer un quart d'heure, puis on la pèse.

Je suppose qu'elle pèse 750 grammes : pour cette quantité on emploiera 337 grammes de beurre fin très-frais. Avec le rouleau à patisserie on étend la pâte en un carré d'une épaisseur de un centimètre et demi; on étend le beurre sur cette pâte qui doit le dépasser, sur chaque face, d'un longueur de 7 centimètres environ ; on replie sur le beurre le morceau de pâte qui le dépasse devant soi, on replie de même le morceau qui fait face à celui-là : tout le beurre est ainsi recouvert, et l'un des morceaux de pâte doit empiéter sur l'autre d'un travers de doigt environ. On laisse un quart d'heure, et l'on replie la pâte en deux devant soi, de manière à ce que l'extrémité du morceau de pâte relevé le dernier se trouve au centre. A l'aide du rouleau on étend alors la pâte en longueur et en largeur, avec la plus grande précaution, car le beurre ne doit pas se montrer ; on laisse reposer un quart d'heure.

On replie ensuite la pâte sur elle-même, comme la première fois ; il faut toujours que le côté de pâte replié le dernier recouvre l'autre de trois travers de doigt ; on replie encore par le milieu et, l'on étend en donnant un peu plus de longueur et un peu plus de largeur ; puis on la replie avec les mêmes précautions et l'on abandonne la pâte une demi-heure, après quoi on renouvelle l'opération en étendant toujours davantage, et l'on replie encore. Alors on coupe un coin de la pâte ; si elle a de nombreuses *raies*, cela prouve que le beurre n'est point assez mélangé, et on donne encore un tour de pliage à la pâte.

On la couvre d'un linge épais afin qu'il ne se forme pas de croûte à sa surface ; on la quitte de nouveau un quart d'heure.

On recommence l'opération du pliage, qui a dû avoir lieu au moins quatre fois ; alors la pâte est prête à être mise en œuvre.

Pour que le feuilleté monte bien, la pâte doit être parfaitement égale sur toute sa surface; il faut pour cela que la planche à pâtisserie soit bien *plane* et que l'on sache manier le rouleau.

On se sert de pâte feuilletée pour les tartes, tourtes, vols-au-vent et pour une infinité de pâtisseries.

Pour faire une tarte, par exemple, — je suppose que l'on sait que le fond d'une tarte se fait toujours de pâte brisée, — on coupe premièrement avec une lame excessivement mince et aiguë la bande de pâte feuilletée qui doit former le tour de la tarte; on coupe de la même manière les toutes étroites bandes qui servent à *quadriller* le milieu de la tarte.

On pose sur la tôle beurrée, ou enduite de cire vierge, ou sur un papier beurré, le fond de tarte de pâte brisée; puis, à l'aide du pinceau, on étend de l'œuf sur le pourtour, sur lequel on doit placer et faire adhérer le tour de feuilleté que l'on colle par ce moyen; on met au milieu une frangipane épaisse, en évitant qu'elle s'insinue sous le feuilleté qui, dans ce cas, ne pourrait monter; on place en long et en travers les petites bandes de feuilleté qui forment le quadrillé et on les soude les unes sur les autres avec de l'œuf; on ne dore ce quadrillé, de même que le bord supérieur du tour, qu'au moment de l'enfourner; mais, on doit le mettre au four presque aussitôt que la tarte est achevée.

On ne doit jamais retourner une pâte feuilletée sens dessus dessous ; les petits morceaux de déchet se placent les uns sur les autres ; si l'on veut s'en servir, on leur donne quelques tours en les repliant ; on peut en faire des losanges, des carrés longs, que l'on met au four en les dorant simplement, ou en les couvrant de confiture, ou d'amandes et de sucre.

On fait des tartes aux fruits, aux raisins de Corinthe, à la frangipane et à la crème.

La frangipane se fait d'amandes pilées avec du sucre, additionné de blancs d'œufs, un ou deux au plus.

Les tartes aux fruits et aux raisins se font avec des fruits saupoudrés de sucre, sur lesquels on verse un épais sirop de sucre après cuisson.

TOURTE.

La tourte se compose d'un fond de pâte brisée, d'un tour en pâte feuilletée de la largeur de 3 à

4 centimètres, que l'on pose sur le fond de pâte brisée, ainsi qu'il est indiqué pour la tarte, puis d'une abaisse très-mince en pâte brisée. Avant de mettre la tourte au four, on place dans l'intérieur du papier de soie un peu gonflé et l'on pose l'abaisse sur ce papier, que l'on enlève après cuisson pour introduire dans la tourte un ragoût quelconque.

La tourte ne se sert jamais à un repas d'apparat, ni sur une table distinguée, lors même que l'intérieur serait rempli d'une fricassée de poulet ou de ris de veau, ou d'un salmis de gibier.

VOL-AU-VENT.

Le vol-au-vent se fait d'un morceau rond de pâte feuilletée de l'épaisseur de 4 centimètres. la chose indispensable pour qu'il monte bien est que la pâte ait partout une épaisseur égale. On donne ordinairement au vol-au-vent une rondeur mathématique à l'aide d'un moule tranchant, cannelé, que l'on pose sur la pâte en appuyant légèrement.

Lorsque le vol-au-vent est préparé ainsi, on lui laisse un bord plein de 3 centimètres d'épaisseur, et avec une lame fine et pointue on incise le pourtour du centre jusqu'aux deux tiers : c'est ce centre qui formera l'abaisse du vol-au-vent après cuisson. On dore le bord supérieur avec de l'œuf avant d'enfourner.

La cuisson est affaire de tact, et si l'on dispose d'un four à pâtisserie, la chose est facile : elle nécessite plus de soins dans un four à pain, car il faut alors se méfier des coups de feu.

Inutile d'indiquer que le vol-au-vent se pose sur une plaque de tôle graissée pour être enfourné.

INTÉRIEUR D'UN VOL-AU-VENT GRAS.

Un vol-au-vent fin et délicat ne doit jamais renfermer d'os ; c'est une règle à observer.

On prépare des ris de veau que l'on a fait tremper pendant plusieurs heures dans l'eau fraîche, en les mettant dans une casserole de cuivre étamé garnie d'un lit de tranches de lard, d'un lit d'oignons, d'un lit de carottes sur lequel on pose les ris de veau, finement piqués de lard ; on ajoute sel, poivre, un bouquet de persil ; on fait prendre couleur aux oignons et on mouille auec moitié jus de viande et moitié bouillon et lorsque les ris sont cuits on les retire. On fait cuire séparément, ou plutôt blanchir à l'eau et au beurre des foies de volaille, on passe des truffes au vin blanc; on blanchit des morilles que l'on saute au beurre. On a des queues d'écrevisses cuites au court-bouillon, des quenelles blanchies; on met sur le feu un jus de viande bien dégraissée, on y pose doucement les ris de veau coupés en tranches, les foies de volaille, les truffes, les morilles et on laisse mijoter pendant une heure; on lie la sauce avec de la fécule de pomme de terre. On dispose dans le vol-au-vent tout ce qui a cuit dans la sauce; puis on pose dessus les quenelles bien épurées; on passe la sauce à la passoire fine et on la verse dans le vol-au-vent.

VOL-AU-VENT MAIGRE.

Quelques morceaux de truite ou de saumon cuits au court-bouillon et bien assaisonnés, des filets de sole frits, des laitances de carpe blanchies dans de l'eau avec du beurre et du sel, des fonds d'artichauds, des morilles blanchies et passées au beurre; on prend du roux blanc qu'on délaie à l'eau bouillante, on y ajoute un jus de citron et du sel, puis gros comme un œuf de pigeon de beurre très-fin, et on fait mijoter pendant une demi-heure les ingrédients que l'on doit mettre dans le vol-au-vent. Un instant avant de servir on y joint des quenelles de poisson ; on retire du feu pour incorporer une liaison de deux ou trois jaunes d'œuf et d'une cuillerée de crème ; on verse dans le vol-au-vent et l'on sert.

AUTRE VOL-AU-VENT GRAS.

On pique de lard frais des blancs de volailles crus et des ris de veau que l'on fait tremper dans du lait et que l'on blanchit ensuite à l'eau bouillante et au sel.

On délaie sur le feu un roux blanc avec de l'eau bouillante ; on y ajoute un morceau de beurre de la grosseur d'un œuf de pigeon, sel et poivre blanc, un oignon, un morceau de racine de persil, quelques petits morceaux de lard. On laisse cuire une demi-heure ; on passe et l'on remet sur le feu. On ajoute un jus de citron, puis les blancs de volailles, les ris, des haricots de coq, des crêtes, et on fait partir à feu vif. Après une demi-heure de cuisson on incorpore une poignée de champi-

gnons blancs blanchis et bien épurés, des quenelles.
On laisse mijoter un quart d'heure ; on retire du
feu pour lier d'une liaison de crème et de jaunes
d'œufs, et l'on place le tout dans le vol-au-vent.

PETITS PATÉS.

Se font en pâte feuilletée ; on les coupe avant
de les cuire avec un moule *ad hoc*, en fer-blanc ;
on dore le fond après y avoir inséré du godiveau
fait comme celui du pâté de jambon et de volailles,
puis on pose le dessus à l'aide d'un moule en bois
fait expressément pour cet usage ; on range les
petits pâtés sur une tôle graissée pour les faire
cuire soit au four à pâtisserie, soit dans le four
de campagne, avec feu dessus et dessous dans ce
dernier cas.

PETITS PATÉS SALPICON.

Le fond se fait de pâte brisée ; on colle avec de
l'œuf pour faire le pourtour, sur ce fond, de la pâte
feuilletée ; on enlève le milieu à l'aide d'un moule,

en laissant au pourtour une largeur de deux centimètres ; on dore ce pourtour ; on fait cuire et on remplit de la manière suivante :

On a fait cuire séparément dans les braisures ou dans les courts-bouillons qui leur conviennent des foies de volailles, des haricots et des crêtes de coqs, des queues d'écrevises, des laitances de carpe, des fonds d'artichauds, des pointes d'asperges, des morilles, mousserons, champignons, des morceaux de ris de veau, des truffes, des olives, que l'on réunit ensuite dans une sauce faite de roux blanc, de jus de volaille et de jus de jambon. Avant d'y mettre ces ingrédients, la sauce a dû cuire un quart d'heure ; quand les ingrédients y sont introduits, on la tient au chaud sans laisser cuire et on remplit les petits pâtés au moment de servir.

FIN.

TABLE DES MATIÈRES

FIN DE LA TABLE.

IMPRIMERIE CENTRALE DES CHEMINS DE FER. — A. CHAIX ET Cie,
RUE BERGÈRE, 20, A PARIS. — 12695-5.

LIBRAIRIE CH. DELAGRAVE,

Paris, 58 rue des Écoles.

Le Livre de la ferme et des maisons de campagne, *formant une véritable encyclopédie agricole de 2.460 pages illustrées.*
La grande et la petite culture, les meilleures méthodes et les instruments en usage, les moyens d'amélioration, assainissement des terres, défrichement, assolements, engrais et fumures, fourrages artificiels, céréales, prairies naturelles, etc. Élevage des bestiaux, éducation des abeilles et des vers à soie, entretien des basses-cours, des volières et des colombiers, des étangs, laiterie et laitages, pisciculture. Animaux et insectes utiles ou nuisibles. Taille des arbres, pépinières, greffage, vigne, vendange, vinification. Jardinage, culture des fleurs, des légumes, des bosquets, des parterres. Chasse, pêche, gibier, poissons, meutes, lignes et filets. Hygiène domestique, plantes officinales, recettes. Économie rurale, comptabilité agricole, par M. P. JOIGNEAUX. 3e édition, 2 forts volumes in-8° jésus, br. . . . . **32** »

  La demi-reliure en chagrin . . . . **8** »

  Ouvrage approuvé pour toutes les bibliothèques scolaires de France.

Dictionnaire (Nouveau) général des Pêches, publié sous les auspices de MM. les Ministres de la Marine et des colonies, du Commerce et de l'Agriculture et de l'Instruction publique, par M. H. DE LA BLANCHÈRE, précédé d'une préface par M. Aug. DUMÉRIL, professeur d'ichthyologie au Muséum d'histoire naturelle. 1 magnifique volume illustré de plus de 4,100 gravures sur bois, et de 48 planches coloriées, de A. MESNEL, br. **30** »

  Cartonnage en belle percaline gaufrée. **3 50**

  La demi-reliure en chagrin ou en veau. . . . . **4** »

       —   avec dorure sur tranches . . . . . . **5** »

Le Lapin par M. A. DE LA RUE, inspecteur des forêts. 1 volume in-12 broché. . . . . **1** »

Art (l') d'élever et de faire reproduire les animaux nouvellement importés. Manuel pratique d'acclimatation, par M. H. DE LA BLANCHÈRE. 100 dessins à la plume par A. MESNEL. 1 vol. in-12, br. **2** »

Amis et ennemis de l'horticulture, par M. DE LA BLANCHÈRE, dessins par A. MESNEL. 1 volume in-12, broché . . . . . **2** »

Principes d'agriculture appliqués aux diverses parties de la France, par M. Louis GOSSIN, cultivateur, professeur d'agriculture du département de l'Oise et de l'Institut agricole de Beauvais. Ouvrage orné de 600 planches dessinées par MM. ISIDORE BONHEUR, ROUYER, MILHAU, Mlle ROSA BONHEUR, etc. 3e édition, revue, corrigée et considérablement augmentée. 1 volume grand in-8° colombier . . . . **30** »

  Reliure demi-chagrin. . . . . **4** »

LIBRAIRIE CH. DELAGRAVE,

Paris, 58, rue des Écoles.

Encyclopédie d'hygiène de la famille, par le docteur
FONSSAGRIVES, professeur à la Faculté de médecine de Montpellier.

—— *Entretiens familiers sur l'hygiène*, 5e édition. In-12 br.　**3 50**

—— *Le même*, rel. en perc. anglaise . . . .　**4 30**

Ouvrage adopté pour toutes les bibliothèques scolaires de France.

—— *La maison*, étude d'hygiène et de bien-être domestiques.
2e édit. In-12 br . . . .　**3 50**

—— *Le même*, rel. en perc. anglaise . . . .　**4 30**

—— *Le rôle des mères dans les maladies des enfants*, ou ce qu'elles
doivent savoir pour seconder le médecin. 4e éd. In-12 br.　**3 50**

—— *Le même*, rel. en perc. anglaise. . . . .　**4 30**

Ouvrage adopté pour toutes les bibliothèques scolaires de France.

—— *L'éducation physique des filles*, ou avis aux mères sur l'art
de diriger leur santé et leur développement 3. éd. In-12 br.　**3 50**

—— *Le même*, rel. en perc. anglaise. . . . .　**4 30**

—— *L'éducation physique des garçons*, ou avis aux familles et
aux instituteurs sur l'art de diriger leur santé et leur développement, in-12 br. . . . .　**3 50**

—— *Le même*, relié en perc. anglaise. . . . .　**4 30**

—— *Livret maternel* pour prendre des notes sur la santé des
enfants (sexe féminin), in-12, broché. . . . .　**1 25**

—— *Livret maternel* pour prendre des notes sur la santé des
enfants (sexe masculin), in-12, broché . . . .　**1 25**

—— *La Vaccine* devant les familles. 2e édit., in-12, br.　**1 25**

Dictionnaire de la Santé, ou répertoire d'hygiène pratique à l'usage des familles et des écoles. 1 beau volume in-8°
jésus à deux colonnes, d'environ 900 pages, qui se publie en dix
fascicules à . . . .　**1 50**

Il paraît un fascicule le 15 de chaque mois, depuis le 15 juin 1875.